www.ingramcontent.com/pod-product-compliance
Lightning Source LLC
Chambersburg PA
CBHW042020110726
48006CB00004B/1160

© واحة الحكايات للنشر والتوزيع
الإمارات العربية المتحدة
واحة دبي للسليكون
Wahat Alhekayat publishing
and distribution
Dubai - UAE

UAE: 0097143336366
00971504599804
00971558236687
E: info@wahatalhekayat.com
متجر واحة الحكايات
www.wahatalhekayat.com
أكاديمية واحة الحكايات
مكتبة إلكترونية ومنصة تعليمية
www.wahatalhekayat.academy

مشروع الصيف
تأليف: د. صفاء عزمي
رسوم: ناتاليا
ISBN 978-977-85135-3-0
رقم الإيداع بدار الكتب المصرية
15846

أكاديمية واحة الحكايات

متجر واحة الحكايات

مَشْروعُ الصَّيْف

تأليف: صفاء عزمي

رسوم: ناتاليا

عَلى شاطِئِ البَحْرِ كانَتِ الشَّمْسُ مُشْرِقَةً، والصِّغارُ فرِحينَ، راحَ هشامٌ
يُنادي: أحْلى مُثلَّجاتٍ في الجوِّ الحارِّ، هيَّا يا صِغار ...
وعمرُ يُنادي : مَعَنا طائراتٌ وَرَقيَّةٌ .. هَيَّا يا صِغار.
كانَ الشَّاطِئُ مَمْلوءًا بالأنْشِطةِ والجَميعُ يَسْبَحُ وَيَجْري هُنا وهُناك ...

أَشَارَ أَحَدُ الصِّغارِ إلى العَرَبَةِ، ونادى أَصْحابَهُ: هَيّا هَيّا أَسْرِعوا...عَرَبَةُ المُثَلَّجاتِ قَدْ وَصَلَتْ.

كانَتْ نادِينُ تَجْلِسُ عَلى عَرَبَةِ المُثَلَّجاتِ، وراحَت تُحَرِّكُ قَدَمَيْها وهِيَ تَقولُ: أَحْلى مُثَلَّجات وأَجْمَلُ طائِرات، هَيّا يا أَصْدِقاءُ، ويا صَديقات!

اقْتَرَبَ حارِسُ الشّاطِئِ مِنَ العَرَبةِ، وَقالَ: سَنُجْري سِباقًا لِلطّائِراتِ الوَرَقيَّةِ، هَيّا يا هِشامُ اقْتَرِبْ مِنْ بُرْجِ المُراقَبةِ وَسَوْفَ أُنادي الصِّغارَ حَتَّى يَجيئوا وَيَشْتَروا. أَعْلَنَ الحارِسُ عَنْ مُسابَقةٍ لِأَجْملِ وَأَعْلَى الطّائِراتِ الوَرَقيَّةِ، وَدَعا مَنْ يَرْغَبُ في المُشارَكةِ أَنْ يُحْضِرَ طائِرَتَهُ الوَرَقيَّةَ، وَيَسْتَعِدَّ لِلسِّباقِ. وراحَ الصِّغارُ يَشْتَرونَ الطّائِراتِ مِنْ هِشامٍ وعُمَرَ ونادين.

اقترب أحدُ الصِّغارِ من هشامٍ، وسألَهُ: هلْ يُمْكِنُ أَنْ أَشْتَرِيَ هَذِهِ الطّائِرةَ

الكَبيرةَ يا هِشامٌ؟ أجابَ هِشامٌ: آسِفٌ يا صَديقي، هَذِهِ الطّائِرةُ لَيْسَت لِلْبَيعِ، لَقَدْ صَنَعْتُها وأخـي عُمَرَ بِأيدِينا، لَكِنْ يُـمْكِنُ أنْ أُعَلِّمَكَ كَيفَ تَصْنَعُ مِثْلَهَا...

اشْتَرَى الصِّغارُ الطّائِراتِ الوَرَقيَّةَ، وأَعْطَى الحارِسُ ألْوانًا لِلصِّغارِ، كَي يُزيِّنوا طائِراتِهِمْ، ويَكْتُبوا عَلَيْها أسماءَهُمْ قَبْلَ أنْ تَبْدَأَ الْـمُسابَقَة.

قَالَتْ نادينُ : أنا أَيْضًا أُرِيدُ طائِرَةً، كَيْ أُلَوِّنَها وأُشارِكَ بها في الـمُسابَقَةِ.

قالَ هِشامٌ: نَحْنُ الآنَ نَعْمَلُ. هَلْ تُرِيدِينَ أَنْ تَلْعَبي أَمْ تَعْمَلي؟

قالَتْ نادينُ: أُرِيدُ أَنْ أَلْعَبَ.

قالَ عُمَرُ: إِذًا لَنْ تَحْصُلي عَلَى حِصَّةٍ مِنْ أرْباحِ هَذا اليَومِ.

صاحَتْ نادينُ: لِماذا؟ لَقَدْ ساعَدْتُكُمْ مُنْذُ الصَّباحِ.

قالَ هِشامٌ: عَلَيْكِ أَنْ تَخْتاري إِمّا أَنْ تَعْمَلي أَوْ تَلْعَبي.

قالَتْ نادينُ: أُلَوِّنُ وأُطَيِّرُ الطّائِرَةَ، ولا أَلْعَبُ.

ضَحِكَ عُمَرُ، وَقالَ : هَذِهِ حِيلَةٌ ذَكِيَّةٌ، والطّائِرَةُ الَّتي تَأْخُذِينَها سَوْفَ تَدْفَعِينَ ثَمَنَها.

قالتْ نادينُ: لا، هَذا لَيْسَ عَدْلاً، أنا أعْمَلُ مَعَكُمْ مُنْذُ الصَّباحِ. قالَ هِشامٌ : عِنْدي حَلٌّ، تَأْخُذينَ الـمُثَلَّجاتِ والطائِرَةَ مَجّانًا مُقابِلَ العَمَلِ الّذي قُمْتِ بِهِ اليَوْمَ.

قالتْ نادينُ :ولِمَ لا آخُذُ نُقودًا مِنَ الأرْباحِ أيْضًا.

أعادَ هِشامٌ السُّؤالَ عَلى نادينَ: عَلَيْكِ أنْ تَخْتاري، إمّا أنْ تَعْمَلي أوْ تَلْعَبي.

قالتْ نادينُ : ألْعَبُ اليومَ فَقَط، وَغَدًا أعْمَلُ وَأُشاركُ، وأكْسِبُ نُقودًا كَثيرَةً. قالَ هِشامٌ : خُذي هَذهِ الطّائِرَةَ، واذْهَبي ولَوِّنيها.

كانَ الجوُّ حارًّا، والشّاطِئُ مُزْدَحِمًا، والصِّغارُ يُطيِّرونَ الطّائراتِ الوَرقِيَّةَ،
والجَميعُ سُعَداءُ وَهُمْ يُشاهِدونَ الطّائراتِ الورقِيَّةَ في السَّماءِ.

قالَ عُمَرُ: كُنْتُ أُريدُ أنْ أُشارِكَ في السِّباقِ.

قالَ هِشامٌ: هَلْ تُحِبُّ أنْ تَعْمَلَ أوْ أنْ تَلْعَبَ؟ اذهَبْ وَشارِكْ وما نَكسبُهُ
يَكونُ كُلُّهُ لي.

نَظَرَ عُمَرُ إلى هِشامٍ مُبْتَسِمًا، وقالَ: ما رَأْيُكَ أنْ تَذْهَبَ، وتُشارِكَ أنْتَ
والمكسبُ كُلُّهُ لي؟

وراحَ الأخوانِ يَضْحَكانِ ويُرَدِّدانِ: اذهَبْ أنْتَ... لا... لا... اذهَبْ أنْتَ...

وَفَجْأَةً شَاهَدَ هِشَامٌ وَعُمَرُ حَارِسَ الشَّاطِئِ يَصْعَدُ مُسْرِعًا إلى بُرْجِ الْمُرَاقَبَةِ، صَفَّرَ الْحَارِسُ، وَرَفَعَ الرّايةَ السّوداءَ، وراحَ يُنادي: سَمَكُ قِرْشٍ في الْماءِ، اخْرُجوا ..اخْرُجوا... أَخَذَ هِشَامٌ يَجْري في اتّجاهِ الْماءِ، ويُنادي ... أَسْرِعوا... أَسْرِعوا ، اخْرُجوا ... صاحَ عُمَرُ مِثْلَ هِشامٍ، ونادى بِأعلى صَوْتِهِ: اخْرُجوا مِنَ الْماءِ.

كانَ جَميعُ مَنْ في الماءِ مَشْغولينَ بالنَّظَرِ إلى الطّائراتِ الوَرَقيّةِ الجَميلَةِ الّتي تُحَلِّقُ في السَّماءِ، وفَجْأةً لاحَ العَلَمُ الأسودُ، وسَمِعوا تحذيرَ الحارسِ، فَخَرَجوا مِنَ الماءِ مُسرِعينَ. وَلكِنَّ بعضَهُمْ لَمْ يَسْمَعِ التَّحذيرَ، أوْ يَلْمَحِ العَلَمَ الأسْوَدَ وظَلَّ يَسْبَحُ مُطْمَئِنًّا في الماء.

قالَ هِشـامٌ: يَجِبُ أَنْ نَفْعَلَ شـيئًا، رَدَّ عُمرُ: نعمْ، لابُدَّ أَنَّ هُناكَ طَريقةً تُنَبِّهُ
مَنْ بَقِيَ في الماءِ، انْظُرْ، يا هشامُ إنَّ سامي وهادي ما زالا يسبَحانِ في المياهِ
بِالقربِ مِنَ الجَزيرةِ، ثمَّ نَظَرَ إلى السَّماءِ وقالَ: لَقَدْ بَدأَ المُتَسابِقونَ
يَسْحبونَ طائِراتِهِمْ الوَرَقيَّةَ.
قالَ هِشامٌ: آه! الطَّائراتُ الوَرقيَّةُ، إنَّها فِكْرةٌ جَيِّدةٌ يا عمرُ.

إذا اسْتَطَعْنا أَنْ نَكْتُبَ تَحْذيرًا عَلَى ذَيْلِ هَذِهِ الطَّائِرَةِ فَسَيَراها مَنْ تَبَقَّى في البحرِ، ثُمَّ أَضافَ: أَنا سَأُجَهِّزُ الطَّائِرَةَ، وَأَنْتَ سَتُحْضِرُ الأَقْلامَ، أَسْرِعْ يا عمرُ، أَسْرِعْ. جَلَسَ عُمَرُ، وكَتَبَ كَلِماتٍ على ذيلِ الطَّائِرةِ (اخْرُجوا... سَمَكَةُ قِرْشٍ... في الماءِ) وَطَيَّرَ الأَخوانِ الطَّائِرةَ بِسُرعةٍ وَمَهارةٍ.

15

شاهَدَ الصِّغارُ طائِرةَ هِشامٍ وَعُمَرَ مَكْتُوبًا عَلَيها التَّحْذيرُ، فَأَخَـذوا يَسْـحَبونَ طائِراتِهِمْ، ويَكْتُبونَ التَّحْذيرَ مِثْلَهُما، ثُمَّ أطلَقوا الطّائِراتِ مَرَّةً أُخْـرَى، وكَذَلِكَ فَعَلَتْ نادين.

لاحَظَ السَّبّاحونَ أنَّ الطّائِراتِ الصَّغيرةَ قَدْ بَدَأَتْ تَنسَحِبُ، وطائِرةُ هِشامٍ وَعُمَرَ الكَبيـرةُ تَرتَفِعُ في السَّماءِ، وَقَدْ كُتِبَ عَلى ذَيْلِها تَحْذيرٌ بِخَطٍّ كبيرٍ.

بَـدَأَ مَنْ بَقِيَ في الماءِ يَسبَحُ باتِّجاهِ الشّاطِيءِ، أمّا سامي وَهادي فكانا يَسْبَحان في البَحْرِ، ولَمْ يُصَدِّقا ما يَحْدُثُ، قَالَ سامي وَهُوَ يَنظُرُ إلى الطّائِرَةِ: لا يُمْكِنُ أنْ يَكونَ هَذا صَحيحًا، لا توجَدُ أسْـماكُ قِرْشٍ في هَذِهِ الْمِياهِ،

فَأَسْماكُ الْقِرْشِ تَعيشُ في الْمُحيطاتِ الكَبيرَةِ.

وقـالَ هـادي: رُبَّـمـا تكـونُ مَزْحَـةً. نَظَـرَ الأَخَـوانِ فَـإذا بالطّائِـراتُ الصَّغيـرَةُ تَعـودُ؛ لِتَمْـلأ السَّمـاءَ وَعَلَيهـا التَّحْـذيرُ نَفْسُـهُ، طائـرَةٌ عَلَيْهـا كَلِمَـةُ قِـرْشٍ، وثانيـةٌ عَلَيْهـا كَلِمَـةُ اخْرُجـوا، وثالِثَـةٌ عليهـا كَلِمَـةُ بِسُرْعَـةٍ.

قـالَ سـامي: انظُـرْ يا هـادي، لَقَـد ارْتَفَـعَ العَلَـمُ الأَسْـوَدُ والجَّميـعُ يَسْبَحونَ بِاتِّجـاهِ الشّـاطِئِ، أَدْرَك الأَخَـوانِ حينَهـا أنَّ الخَطَـرَ حَقيقيٌّ، فَأَخَـذا يَسْبَـحانِ بِاتِّجاهِ الشّـاطِئِ بِأَقْـصَى مـا لَدَيْهِـما مِـنْ قوَّةٍ وَسُرْعَـةٍ.

عَلى الشّاطِئ وقَفَ الكِبارُ والصِّغارُ فَرِحينَ بِالسَّلامةِ، ثُمَّ التفّوا حَوْلَ هِشامٍ وعُمَرَ وَهُمْ يَقولونَ: فِكْرَةٌ ذَكِيّةٌ وَحلٌّ سَريعٌ، الحَمْدُ لِلَّهِ، لَقَدْ خَرَجَ الجَميعُ، ولَمْ يَبْقَ أَحَدٌ في الماء.

راحَ الجَميعُ يُراقِبونَ قَوارِبَ الإنقاذِ وَهِيَ تَجوبُ المِياهَ، جاءَ مِن بَعيدٍ قارِبٌ مُعَلَّقٌ عَلى جانِبِهِ سَمَكَةُ قِرْشٍ صَغيرةٍ، وعِنْدَما اقْتَرَبَ القارِبُ سَأَلَتْ نادينُ رِجالَ حرسِ السّاحِلِ: ماذا سَتَفْعَلونَ في هذا القِرْشِ؟ إِنَّهُ قِرْشٌ صَغيرٌ وَرُبَّما لَنْ يُؤذِيَ أَحَدًا!

قالَ رجلُ الشُّرطَةِ: وعِندما يَكبرُ الصَّغيرُ، ما الَّذي سَيَحْدُثُ؟ وووو... صاحَ الصِّغارُ وَهُـمْ يَضْحَكونَ.

سأَلَ هِشامٌ مُسْتَفْهِمًا: وَماذا سَتَفْعَلونَ بِهِ؟ قالَ الشُّرطيُّ: سَوفَ نَأْخُذُهُ إلى مَرْكَزِ الأَحْياءِ المائيَّةِ لِدِراسَةِ سُلُوكِهِ، ولِماذا تَرَكَ المُحيطَ وَجاءَ إلى الشّاطِئِ.

قالَ هادي: رُبَّـما جاءَ؛ لِيشتَرِيَ مُثَلَّجاتٍ. وقالَ سامي: لا، لقدْ جاءَ لِيَشْتَرِيَ طائِرَةً وَرَقِيَّة.

التفَّ الجَّميعُ حولَ هشامٍ وعمرَ، وَشَكَروهُمْ. قالت نادينُ: لَقَدْ
نَسيتُمُ السِّباقَ، يا تُرى! طائِرَةُ مَنْ سَتَفوزُ في السِباقِ إذَنْ؟
قالَ الحارسُ: أقْتَرِحُ عَلَيْكُمْ أن تكونَ طائِرَةُ هِشامٍ وعُمَرَ هيَ
الفائِـزَةَ ... فَلَيْـسَ هُناكَ أجْمَلَ مِنْ طائِرَةٍ تُنْقِذُ حياةَ إنسـان.
صَفَّقَ الجَّميعُ مُوافِقين، ونادينُ فخورَةً بإخوانِها الأذْكياءِ.
أثْنى العَمُّ إبراهيمُ وشَكَرَ هشامًا وعمرَ، عَلَى التَّفْكيرِ الذَّكيِّ

وسُرْعَةِ البَديهَةِ، وحُسْـنِ التَّصَرُّفِ في الـمَواقِفِ الطارِئَـة، وأضافَ لا نَنْـسى أنَّ الجَميـعُ قَـدْ شارَكَ في إطْلاقِ الطّائراتِ الصَّغيـرةِ والتّحذيـراتِ، وهَديّتكم جَميعًا أنَّني سَأشْتَري مُثَلَّجاتٍ لِلجميعِ، راحَ الصِّغـارُ وَالْكِبـارُ يَأْكُلـونَ الـمُثَلَّجاتِ فَرحينَ، أحَـسَّ هشامٌ وعمـرُ وناديـنُ بِفرحـةٍ وتفاؤُلٍ وهُـمْ يأكُلـونَ الـمُثَلَّجات، ويُفَكِّرونَ في مَشروعِ الصَّيْفِ القادِم.

بَعْدَ قِرَاءةِ القِصَّةِ أقُومُ بِبَعْضِ الأنْشِطَةِ والنِّقَاشَات:

- اقتِـراح: أقترِحُ عُنْوانًا جَدِيدًا لِلْقِصَّة.

- أُفكِّرُ... هَلْ هَذِهِ القِصَّةُ حَقِيقيَّةٌ أمْ خَيالِيَّةٌ؟ ولِماذا؟

- أُناقِشُ... هَلْ مِنْ حَقِّ نادِينَ أنْ تُشارِكَ إخْوانَها في المكْسَبِ؟

- أبْحَثُ... لِماذا يَحْدُثُ أَحْيانًا أن تَجْنَحَ أَسْماكُ القِرْشِ نَحْوَ الشَّاطِئِ؟

- أرْسُمُ... صورَةً لِكائِنٍ يَعيشُ في الماءِ وَشَكْلُه غَريبٌ .

- تَجُرِبة: أُجَرِّبُ أن أصْنَعَ طائِرَةً وَرَقِيَّةً وَأُحاوِلُ أَنْ أُطَيِّرَها.